# OBSERVATIONS

SUR

# DIVERS POINTS

## DE LA SITUATION POLITIQUE

ET

## DE LA LÉGISLATION DE LA FRANCE

### Par M.ᴿ L. H. Greméols.

SE VEND

A PARIS, chez LE NORMANT, Libraire.

1815.

A Monsieur Salicourt
ancien avocat

de la part de [signature] avocat

Montpellier le 26. 7bre 1815

# OBSERVATIONS

## SUR

## DIVERS POINTS

### DE LA SITUATION POLITIQUE

### ET

### DE LA LÉGISLATION DE LA FRANCE.

## *IDÉES GÉNÉRALES.*

QUEL moment pour la France surnageant comme par miracle, sur l'horrible océan des révolutions et de la tyrannie ; toutes ses plaies saignent encore ; les plus douloureux souvenirs existent, et ni la modération, ni l'indulgence ne peuvent les effacer d'un seul trait. Ses ressources immenses sont vaines et paralysées par l'incertitude de l'avenir. Des milliers d'étrangers, accourus deux fois, par le concert le plus admirable et le plus nouveau, des contrées les plus éloignées, pour la sauver de ses propres fureurs, pèsent sur ses bras et l'observent !

C'est dans ce moment, en présence de l'étranger, que le Monarque appelle les délégués de son peuple pour travailler avec lui à une restauration définitive et absolue.

Que de craintes, que d'espérances pour cette pauvre France, qui, au milieu de tous les élémens de force, de puissance, de prospérité, est cependant dans la plus complète infortune, et meurt de la soif du bonheur au milieu d'un fleuve immense de moyens pour l'éteindre !

Tout Français jette un regard incertain sur ce qui l'entoure, et cherche dans l'avenir le sort de ses vieux jours et de ses enfans.

Chose étonnante, cependant, pour le Français ami de son Roi et de la France monarchique, pour celui qui soupire après l'ordre et la paix publique; la plus complète, la plus absolue des invasions n'est pas l'objet principal de craintes et d'alarmes ; il gémit de la charge que supporte l'État, il sent ce nouveau malheur; mais ces innombrables baïonnettes qui l'entourent et se trouvent par-tout sur ses pas, ne sont point l'objet de ses inquiétudes. Deux fois l'étranger a accompagné son Roi; deux fois l'étranger est venu tendre une main secourable à un peuple comprimé et désarmé par les résultats funestes d'une suite d'affreuses combinaisons; deux fois une coalition de Rois admirable et inouïe dans les fastes du monde, s'est formée pour la sûreté des trônes et des peuples, pour l'indépendance des Nations. Les nobles sentimens qui les ont animés ne peuvent se démentir; les grands intérêts qui les occupent ne peuvent cesser d'être aperçus. La France ne craint pas l'étranger, et ce n'est sous aucun rapport l'étranger qu'elle doit craindre.

C'est dans son sein que la malheureuse France doit chercher et trouver tous les sujets de ses craintes trop bien fondées ; c'est dans les élémens impurs qui ont produit la plus affreuse des révolutions, qu'elle doit les voir et les trouver ; c'est dans tout ce que ces élémens ont produit de fausses idées, de paradoxes, d'institutions vicieuses, d'immoralité, d'amour-propre, de prétentions déréglées, d'habitudes pernicieuses, d'exemples dangereux, de perfidies, de crimes heureux et prospères : c'est dans la continuation de mille destructions déplorables, de mille innovations funestes ; c'est dans la ténacité d'une faction qui use tour-à-tour et pour ses besoins, de souplesse et de bassesse, d'audace et de violence ; dans les espérances toujours existantes de cette faction destructrice de tout ce qui n'est pas elle, que la France trouve ses justes sujets de crainte.

C'est donc pour combler le gouffre creusé par 3o années d'erreurs, d'extravagances et de crimes, que le Monarque appelle le Corps législatif.

Une portion de ce corps formée, épurée par lui, à peine sortie de cette source sacrée, est rehaussée encore par la perpétuité attachée à la dignité dont elle est investie. Tout ce qui émanera de cette portion, ne sera-t-il pas empreint de ce caractère auguste d'élévation d'idées et de sentimens, nécessairement propre à un corps présenté à la vénération des peuples ?

L'autre, en entier, renouvelée, élue par les

assemblées les plus complètes qui aient eu lieu depuis leur création, compte enfin des noms nouveaux dans notre histoire de 3o ans ; donne ainsi une preuve certaine que l'esprit qui a dirigé les choix, ne s'est pas traîné sur de serviles habitudes ; que l'on a enfin porté de sages regards sur les hommes qui offraient des garanties politiquès et morales dédaignées jusqu'à ce jour.

Quelle honorable tâche ont à remplir ces Chambres ainsi investies de la confiance du Roi et de ses peuples ! Aider leur Roi ; concourir avec lui à assurer le trône dans le présent et dans l'avenir.

Cette tâche est étendue si l'on considère ses résultats ; elle est simple et facile si l'on considère son objet. Ne plus détruire, ne plus innover: tout semble être là ! Restaurer, réparer ; faire le bien, sans courir après de brillantes théories ; aller au but, au bien, sans craindre, sans avoir honte de suivre, s'il le faut, une route tracée et suivie par nos aïeux.

Fût-elle difficile cette tâche, que de moyens, que de ressources pour la remplir !

Quelle Nation offrit en elle-même plus de moyens de restauration, par ses lumières, par sa valeur, par un attachement à ses Rois que 25 ans de malheur n'ont fait qu'augmenter, par ses richesses réelles et industrielles ; et dans les circonstances, par sa ferme volonté de consolider la monarchie, par les cruelles réflexions que fait naître la série

de fautes et de malheurs dont elle éprouve les effets !
Ces moyens existent ; il ne s'agit que de ne pas les
méconnaître, de ne pas les détourner de leur cours
naturel.

Quelle Famille Royale offrit plus de vertus et de
qualités privées et publiques, que celle qui règne
en France ? Les derniers troubles, si funestes sous
d'autres rapports, auront justifié aux plus incré-
dules la sagesse de ses vues, la pureté de ses intentions, la modération dans l'usage de la puissance,
l'amour et la tendre sollicitude pour ses peuples,
le noble courage, le mépris des dangers personnels,
les connaissances et les vertus militaires des Princes
qui la composent, leur zèle infatigable pour le salut
de la France, pour alléger les maux que d'autres
ont attirés sur elle.

Valeureux Duc d'Angoulême, Prince aussi généreux et magnanime, que modeste et religieux !
Votre marche rapide et courageuse sur le pont St.-
Esprit, Valence, Montelimar, avec une poignée
de braves que, malgré les entraves de la perfidie,
la fidélité et l'enthousiasme avaient précipités sur vos
pas ; à qui votre noble exemple faisait oublier et
méconnaître tout danger ; vos actions militaires,
étonnantes, si on compare les moyens aux résultats ;
votre capitulation avec des traîtres et des rebelles,
inutile pour le salut d'ailleurs assuré de votre personne, utile seulement pour le salut de votre armée,
que votre amour considéra seule dans ce cruel moment ; ce traité même, noble produit de votre âme

grande et généreuse, qui s'élevait au-dessus des revers ; votre retour dans le midi, où chaque pas a été marqué par un acte de justice, de sage administration, par un bienfait ; vos adieux aux contrées du midi, par la proclamation du 7 août, où le cœur aimant de votre Altesse Royale se peint tout entier ; la promptitude et l'abandon avec lesquels vous avez, pour ainsi dire, jeté votre illustre personne au-devant de l'Armée Espagnole, dont, par la seule force de vos vertus, vous avez empêché l'entrée en France désormais inutile : tout dans vous, Auguste fils des Rois, attestera à la France et à l'Europe, que nos Princes, nés du même sang, tous élevés dans les mêmes principes et dans la même morale, tous fortifiés par des malheurs dont nous sommes la cause innocente et coupable ; tout attestera que nos Princes nous offrent la réunion des vertus religieuses, de la sagesse et du courage du législateur, de la valeur et de la bravoure du guerrier, de la tendresse et de la clémence du père de famille.

Et cette Nation avec ces Princes ne reprendrait pas l'attitude qui lui convient ! Elle ne jouirait pas au dedans et au dehors de tous ses avantages ! Elle elle n'a qu'à le vouloir ; elle n'a qu'à se dégager des entraves et des liens dans lesquels la tiennent indignement enchaînée, les systèmes, l'impulsion, la honteuse influence des révolutionnaires ; elle n'a qu'à ne plus vouloir être la France des dernières 3o années, elle sera la France de St.-Louis, de Louis XII, d'Henri IV et de Louis XIV.

Qu'elle profite de sa position même ; qu'elle utilise tout ce que ses illustres aïeux lui avaient transmis de vénérable et de bon ; qu'elle utilise la force, le courage et les développemens de lumières et d'industrie que ses troubles même lui ont donnés ; qu'elle utilise sur-tout une expérience qui lui coûte si cher, et qui lui trace la marche à suivre, les écueils à éviter.

État politique, nécessairement monarchique, elle se rappellera qu'en régnant par les lois, le Prince doit être investi de puissance. et de force ; que c'est lui qui doit imprimer le mouvement à la législation pour que la perpétuité de son ministère royal puisse assurer la perpétuité et la vigueur des institutions monarchiques. Elle écoutera sur cela les leçons et les vœux de son glorieux Martyr, en s'humiliant devant la profondeur des lumières et la pureté des principes de LOUIS XVI, de religieuse et glorieuse mémoire ; de ce Prince, l'homme le moins suspect, lorsqu'il s'agira de régler la puissance des Rois. « Un Roi ne peut faire le bonheur du « peuple qu'en régnant suivant les lois ; mais, en « même temps, un Roi ne les peut faire respecter « et faire le bien qui est dans son cœur, qu'autant « qu'il a l'autorité nécessaire ; autrement étant lié « dans ses opérations, et n'inspirant point de « respect, il ne peut faire le bien. ( Testament de « Louis XVI ). »........!

Lorsque les principes fondamentaux de l'organisation de l'État viennent d'être consacrés de fraîche date , dans un titre de forme vraiment royale et monarchique , qui concilie et unit le présent et le passé , la première idée qui se présente est sans doute d'attendre que le temps indique des vices ou exige des changemens ; et la première résolution semble devoir être de se prémunir contre cette malheureuse facilité avec laquelle on change de lois ; contre cette fatale faconde avec laquelle on produit des lois depuis vingt-cinq ans. Il faut peu de lois pour la prospérité des Nations , mais il les faut réfléchies et stables. Et pour le respect dû à ce nom imposant de loi ; combien d'objets de règlement ou d'administration journalière ou accidentelle, auxquels il faudrait refuser l'honneur d'être réglés par un acte trop majestueux et trop durable de sa nature , pour être ainsi prodigué à des objets de détail variables à l'infini , qui doivent rester dans le domaine des simples ordres d'exécution ?

Que s'il fallait déjà retoucher à la Charte fondamentale et organique ; si les troubles et les discussions politiques, en augmentant le mouvement, en multipliant le jeu des ressorts, avaient fictivement augmenté la durée de son existence , et la présentant déjà vieille dans sa jeunesse, avaient déjà marqué des imperfections et commandé des changemens ; ah ! sans doute qu'ils auront aussi prouvé qu'il faut resserrer les ressorts de cette machine politique ! Sans doute qu'ils auront prouvé qu'il faut d'autant plus prémunir les peuples contre les erreurs, les fautes, les incartades, qu'il est dans son essence de commettre, lorsqu'il n'est point dirigé et contenu par une main qui ait conservé le pouvoir de le faire !

Et s'il faut déjà changer, que ce soit pour revenir, autant que la succession des siècles le permet, aux mœurs, aux usages, aux coutumes françaises; que nos institutions soient empreintes du sceau de notre propre génie et de notre caractère distinctif. Ne prenons chez les autres que ce qui peut s'adapter à nos mœurs. En observant, en admirant même nos voisins, voyons toujours la main sacrée de Louis XVI, tracer ces mots de blâme et de sollicitude sur un mémoire de M. Turgot en 1776. « Il « faut aux amateurs de nouveautés, une France « plus qu'Anglaise. » Pénétrons - nous de ce que nous devons reconnaître comme une vérité, que la même constitution ne peut convenir à des Peuples différens; que puisqu'il n'est pas possible que deux Nations aient la même position et les mêmes ressources territoriales, qu'elles aient la même religion, les mêmes usages de société, les mêmes mœurs, les mêmes goûts, les mêmes plaisirs, les mêmes habitudes, les mêmes préjugés; qu'elles aient éprouvé les mêmes révolutions politiques, soit récentes, soit éloignées; que dans des évènemens politiques, qui auraient même eu quelque analogie, elles aient tenu une conduite identique, et pris une même direction ; il est impossible qu'à une époque donnée elles adoptent identiquement la même constitution. Les institutions politiques, lors même qu'elles se corrigent, sont toujours une suite de ce qui existait antérieurement ; la législation d'un siècle est toujours plus ou moins une dépendance de celle du siècle précédent ; et l'homme ne pouvant être maîtrisé d'une manière brusque et absolue dans ses mœurs et dans ses habitudes, il opposerait toujours à une loi transplantée qui les contrarierait, cette force d'opinion, cette résistance d'inertie ou d'improbation, si dangereuses pour tout ce qui émane du pouvoir, et qui si souvent ont causé des désuétudes anticipées sur le temps.

Ah ! soyons toujours Français ! Pendant tant de siècles nous nous sommes si bien trouvés de l'être ! Qu'un délire passager ne nous fasse point désespérer de nous-mêmes, et renoncer à ce qui nous convient, à ce qui nous appartient, pour nous subjuguer aux institutions d'autrui. Gardons les richesses qu'offrent encore nos vieilles lois, reprenons en entier nos vieilles mœurs ; et puisque par le caractère singulier et généreux des deux dernières guerres, la France ne doit reconnaître de vainqueur qu'elle même et son Roi, qu'elle ne subisse que la loi du vainqueur.

Dans un heureux retour vers quelques-unes de nos antiques bases organiques, ne pourrait-on aussi recouvrer avec avantage quelques-unes de ces institutions secondaires, qui sont de si précieux étais dé l'édifice politique? La condamnation prononcée par les savans du dernier et bien terrible quart de siècle, empêcherait-elle de voir, dans le rappel à la vie de quelques corps enseignans, des moyens d'assurer une saine instruction et une semence de principes propres à inspirer un salutaire respect pour ce qui existe, après avoir été légalement et mûrement établi ; propres à maintenir l'ordre parmi les peuples, à perpétuer l'harmonie parmi les nations? Ces anciens corps ne fourniraient-ils pas des ressources pour cela plus faciles et plus certaines que la composition monstrueuse d'un seul corps enseignant, considéré et créé plutôt comme un impôt sur les peuples, que comme un secours de nécessité et d'utilité première ; et dont le moindre inconvénient, ( parce qu'il est accidentel et réparable, ) est d'avoir recueilli et rassemblé dans son sein, avec un petit nombre d'hommes sages et vertueux, tout ce que l'apostasie et la philosophie moderne avaient produit de sectaires et de prôneurs des révolutions?

La proscription prononcée par les législateurs modernes contre les corporations d'arts et métiers, empêchera-t-elle de se ressouvenir, que les artisans qui parvenaient à une maîtrise, y apportaient l'éducation de leur métier, les connaissances et le savoir qui leur assuraient une existence; qu'ils y trouvaient cet esprit de corps, qui, attachant son point d'honneur à la profession la plus humble, est une heureuse sauve-garde contre l'inquiétude et les désirs immodérés qui portent l'artisan à sortir de son état, mettent toujours à coup sûr le trouble dans son âme, s'ils ne font pas de lui un instrument toujours prêt pour troubler l'État? Aura-t-on oublié que ces corporations donnaient au besoin un appui, un défenseur, une source de secours à leurs membres; que chacun de ceux qui y était admis, présentait, par sa stabilité, plus de garantie à tous ceux d'autres professions qui avaient à faire à lui; qu'il trouvait dans son existence commerciale, des moyens d'assurer celle de tous ceux qui n'ayant eu ni les talens, ni les moyens de devenir maîtres, travaillaient sous sa direction, et obtenaient dans ce travail en sous-ordre, des avantages plus assurés que dans le vol plus élevé qu'ils prennent aujourd'hui, où une prompte chute les replace plus bas que le point de misère d'où ils étaient partis? Ces corporations avaient l'apparence d'un privilége, de cela seul il fallut les proscrire. Était-ce réellement un privilége? Si c'en était un, était-il nuisible ou à l'ouvrier ou aux progrès de l'industrie? Voilà ce qu'il faudrait décider affirmativement pour maintenir la proscription, et cette affirmation n'est point admissible. Il n'y a privilége que là où il n'est pas facultatif à tous, d'entrer avec des talens ou avec de l'argent. Un privilége ne serait nuisible à l'industrie, que lorsqu'il étoufferait toute espèce de concurrence, mais non point lorsque la concurrence existe entre tous ceux, et entre ceux-là précisément qui auraient obtenu le privilége, parce qu'ils auraient fait preuve de la science de leur métier.

Ces destructions furent du nombre des préten-
dues améliorations que produisaient de trop séduisantes théories.

Une ardeur extrême de mouvement, des vues
immodérées de perfectibilité, égarèrent la première
assemblée constituante. De grands talens ne produi-
sirent que de grandes erreurs et de grandes calamités, parce qu'ils prirent une fausse route ; parce
qu'ils obéirent à l'imagination qui embellit tout ce
qu'elle crée, plutôt que d'écouter la sagesse et la
réflexion qui laissent et présentent chaque objet
dans toute sa vérité. En se livrant à ces spéculations brillantes qui devaient produire d'un seul coup
un état de choses absolument différent de celui qui
avait précédé ; l'assemblée constituante méconnut,
ou méprisa peut-être, une sage réflexion de ce Roi
dont elle allait bientôt faire sa victime. Avant d'être
entraîné par le torrent qui se précipitait sur la
France et sur lui ; avant que d'être subjugué par ceux
qu'il appelait à son secours et à celui de l'État, Louis
XVI avait dit, en examinant et apostillant, en
1776, un mémoire de M. Turgot, sur la nouvelle
administration de la France qu'il proposait : « ce
« sera une nouvelle France bien promptement régé-
« nérée et assemblée ; mais en attendant, la vieille
« France, c'est-à-dire, les corps actuellement exis-
« tans pourraient peut-être se soulever, et deman-
« der de connaître les crimes qui ont mérité leur
« déchéance.. ...... Le passage du régime à abolir
« au régime proposé mérite attention, car on voit

« bien ce qui est, mais l'on ne voit qu'en idée ce
« qui n'est pas, et on ne doit pas faire des entre-
« prises dangereuses, si on n'en voit pas le but. »

Les amateurs de la nouveauté prévalurent cependant; l'assemblée constituante exigea que l'on fît, et bien plus encore elle s'arrogea, elle usurpa le droit de faire, elle-même et à elle seule, ces innovations dangereuses; elle attaqua directement le pouvoir et l'ordre établis, le pouvoir et l'ordre successivement consacrés, réglés ou modifiés par les lois les plus solennelles, par l'exécution, par l'usage et l'habitude de s'y conformer. Dès la première atteinte à l'objet de nos vénérations, dès qu'une pierre de l'édifice fut enlevée, sa chute fut inévitable; et de quelle réunion de désastres et d'horreurs cette chute n'a-t-elle pas été suivie! Avaient-ils vu cependant le but où ils devaient arriver ces insensés novateurs? Est-il certain qu'ils eussent seulement un but, autre que celui de céder à leur penchant pour les innovations? Autre que celui de courir après une illustration qu'ils voyaient attachée à une grande époque qu'ils marqueraient dans l'histoire, n'importe comment, et quels que fussent le prix et les larmes qu'elle dût coûter à la France et à l'Europe.

Une assemblée auguste se laissa entraîner par quelques imaginations ambitieuses et déréglées; elle se laissa subjuguer par des idées fausses qu'elle devait comprimer; elle suivit une mauvaise direction qui lui était donnée, il faut en convenir, par une grande partie de la Nation, mais qui n'en était pas moins vicieuse dans son principe, et désastreuse dans ses résultats, quoiqu'elle fut déjà dans un trop grand nombre de têtes. Placée au plus haut degré des magistratures civiles et politiques, elle eut dû former, diriger, changer l'opinion des peuples, puisqu'elle était appelée à travailler pour leur utilité, pour leur prospérité ; et au contraire elle ne fit que céder et suivre les opinions qui avaient séduit ces peuples, incapables de reconnaître un poison dévorant, insinué et caché dans une fleur brillante de coloris et de fraîcheur.

Puisse la nouvelle Assemblée Constituante, car on peut donner ce nom, quelque danger qu'il présente, et en se défiant de l'appât funeste qu'il offre : puisse, cette Assemblée qui va commencer, éviter les écueils où est tombée la première ! Redisons-le, les anciennes époques de prospérité offrent de grands exemples, de grands moyens : les dernières trente années même où chaque évènement était une calamité, peuvent donner, dans une effrayante proportion avec le mal, d'utiles résultats, semblables à la cendre du volcan qui fertilise les terres qu'il a enveloppées de ses feux ; les temps actuels, enfin, sont riches de tout le passé : pour celui qui s'élève au-dessus des préjugés et des préventions, tous les temps fournissent des ressources ; par-tout où il peut y avoir eu du bien, quelle qu'ait été sa proportion avec le mal, par-tout il doit être saisi.



2

Mais serait-ce céder aux préjugés et aux préventions, que de proscrire tous les principes et tous
les systèmes qui, dans les dix années antérieures à la
plus affreuse des révolutions, et pendant les longues
années qu'elle a duré, ont fait gémir les peuples
sous le poids de tous les genres de calamités? Ah !
si s'était une prévention, en fut-il jamais de plus
salutaire et de plus respectable ! mais c'est, au
contraire, un devoir commandé par l'humanité que
de proscrire ce qui l'affligea si cruellement. C'est
un devoir commandé pour le salut des peuples, que
de réduire à l'impuissance de nuire, les hommes qui
ont créé ou adopté ces systèmes dévastateurs, et
qui, avec une effrayante constance, les ont mis
depuis lors, et les mettent encore aujourd'hui en
pratique; les hommes dont la persévérance dans une
marche criminelle et désastreuse, confirme cette
maxime enseignée par les moralistes : l'habitude
est une seconde nature. Malheur à celui qui a pris
l'habitude de mal penser et de mal agir ; malheur
aux autres s'il est appelé à les gouverner ! Anathème
à ces génies malfaisans ! Que l'impuissance de nuire,
déjà par elle-même le premier châtiment des pervers,
leur fasse détester les lieux où ils ont régné ; que
par leur présence et leur aspect ils ne jettent plus
l'alarme dans les cœurs, ces hommes des révolutions;
qu'ils ne fatiguent plus les yeux des peuples ; qu'avec
leur honte et leurs fureurs, ils emportent au loin
leurs théories empoisonnées, leur savoir faire des-
tructeur !

Loin de nous leur science funeste , leurs mœurs et leurs coutumes ; et qu'avec eux soient vouées à un éternel oubli les causes de nos infortunes , et s'il se peut , nos infortunes même.

A l'abri de leur maligne influence, la Monarchie Française reprenant toute la force de ses plus beaux temps , va reprendre aussi toute sa gloire , et le plus Auguste des Rois ne sera point trompé, comme le fut son trop malheureux Frère , dans la confiance et l'amour qu'il accorda à la Nation.

Les leçons du passé ne sont point perdues ; le malheur est le meilleur maître des hommes et des peuples ; l'époque des illusions est déjà loin ; le tribut aux faiblesses de l'humanité est payé ; le temps de la réflexion est venu , le calme et la prospérité en sont toujours la suite nécessaire , ils vont encore faire fleurir , et la France et l'Europe.

---

# LA PUNITION DES COUPABLES

## DEMANDÉE AU ROI.

LA France demande à grands cris à son Roi, justice des derniers crimes politiques qui viennent de désoler l'état.

La justice et une justice rigoureuse est devenue aujourd'hui plus que jamais, un besoin pour les peuples. La perfidie et la rebellion ont , dans un

court espace de temps, fait une épouvantable ana-
lyse et une effrayante résumption de tous les actes
de fureur, de perfidie et de scélératesse, que vingt-
cinq années avaient vu successivement dérouler : et,
dans ce court espace de temps, se sont représentés
et rassemblés en un terrible faisceau, tous les genres
de malheurs, que jusque - là on n'avait eu à sup-
porter qu'à des intervalles plus ou moins éloignés,
plus ou moins réparateurs.

La morale, la religion, l'humanité réclament,
pour l'exemple et pour l'effroi du méchant, cette
justice sévère. La vindicte publique, la sollicitude
de l'avenir la commandent, pour que le membre
gangrené soit séparé du tronc et n'y communique
pas son venin ; pour que la flamme dévorante du
crime soit arrêtée dans son cours et éteinte.

Mais qu'est - il besoin de demander cette justice
à notre Roi ? Pourquoi, lorsque tout ce que sa
prévoyance royale devait faire pour l'assurer, existe
et se trouve sous la main de tous ; pourquoi affliger
son âme sensible et clémente, du récit sans cesse
renouvelé, d'infortunes et de douleurs que son
cœur généreux voudrait, n'en doutons pas, racheter
au prix de son sang ; pourquoi faire retentir sans
cesse autour de lui une demande qui, on peut le
dire, cesse d'être juste, et n'est plus qu'indiscrète,
puisque le Roi a déjà rendu de sa part la justice,
en donnant les institutions et les lois qui la garan-
tissent aux peuples ?

Tout est prévu par nos lois : que chaque Corps de l'État, que chaque fonctionnaire , que chaque Français fasse son devoir, et la justice due à la Nation et à chaque famille est assurée.

En s'élevant contre le cri de toute une Nation , de plusieurs Corps respectables et imposans qui demandent directement la justice à leur Roi , il faut prouver que la justice royale est rendue ; que le Monarque a rendu cette justice , qui, dans sa ma-jestueuse puissance, doit émaner immédiatement de sa personne auguste ; et la chose est facile.

Nul homme dans l'État ne peut troubler l'ordre général , et porter atteinte à la sûreté publique ou particulière , sans trouver une magistrature établie pour l'arrêter, le comprimer, le punir. Nul crime ne peut être commis , qu'une loi déjà existante, seule loi dont on pût faire usage , ne se trouve prête , pour assurer en même temps la marche du magistrat et le châtiment du coupable.

La Charte Royale , aux articles 1 et 4 , soumet tous les Français à la loi et assure leur liberté , en statuant qu'ils ne peuvent être poursuivis que d'après les lois , et dans les formes établies.

D'après les articles 57 et 58, la justice s'admi-nistre et se rend au nom du Roi par des Juges ; et par cette sage et grande institution de Magistrats permanens et inamovibles, en même temps que la justice est indépendante de tout autre soin et de toute autre influence que la loi ; en même temps

qu'elle est de toutes les époques et de tous les mo-
mens; le Monarque est déchargé du pénible soin de
punir, de faire justice , sans rien perdre du droit
imposant de la rendre.

Que s'il s'agissait de hauts Dignitaires , qu'une
élévation dont ils auraient abusé forcerait à distin-
guer ; de Pairs, de Ministres , par exemple ; la
Charte y a pourvu.

Art. 33. La Chambre des Pairs connaît des crimes
de haute trahison , et des attentats à la sûreté de
l'État , qui seront définis par la loi.

34. Aucun Pair ne peut être arrêté que de l'autorité de la Chambre , et jugé par elle en matière
criminelle.

55. La Chambre des Députés a le droit d'accuser
les Ministres , et de les traduire devant la Chambre
des Pairs, qui seule a celui de les juger.

56. Ils ne peuvent être accusés que pour fait de
trahison ou de concussion : des lois particulières
spécifieront cette nature de délits , et en détermi-
neront la poursuite. ( Le code pénal les caractérise
déjà. )

13. Les Ministres sont responsables. ( et cette
responsabilité indéfinie, embrasse évidemment tous
faits contraires à la Charte et aux lois de l'État. )

Que s'il s'agit de coupables moins éclatans, le
Roi a aussi pourvu par la Charte qu'il nous a donnée, à ce que justice fut faite.

Art. 68. Le code civil et les lois actuellement existantes, qui ne sont pas contraires à la présente Charte, restent en vigueur jusqu'à ce qu'il y soit légalement dérogé.

Or, dans ces lois existantes, on trouve des lois et des règlemens militaires punissant la rebellion, la trahison, la désobéissance, l'insubordination.

On trouve un code d'instruction criminelle, et ses articles 9, 10, 11, 16, 22 et autres, chargent les Gardes-champêtres, les Commissaires de police, les Maires et Adjoints, les Procureurs du Roi, les Juges de paix, les Officiers de gendarmerie, les Commissaires généraux de police, les Juges d'instruction, les Préfets, de rechercher les crimes, d'en recueillir les preuves, de traduire les coupables devant le juge compétent. Que de personnes déjà chargées d'assurer la vindicte publique ! Et la loi ne s'est pas encore arrêtée : il est deux articles qu'il faut connaître pour voir l'étendue de la précaution.

Art. 29. Toute autorité constituée, tout fonctionnaire ou officier public qui, dans l'exercice de ses fonctions, acquerra la connaissance d'un crime, sera tenu d'en donner avis sur-le-champ au Procureur du Roi, et de lui transmettre tous renseignemens.

3o. Toute personne qui aura été témoin d'un attentat, soit contre la sûreté publique, soit contre la vie ou la propriété d'un individu, sera pareillement tenue d'en donner avis au Procureur du Roi.

La poursuite des crimes est donc remise en un assez grand nombre de mains, pour qu'on doive présumer qu'il en échappera peu à tant de surveillans; et que doit faire après cela le Monarque, si non attendre qu'ils justifient par l'accomplissement de leur devoir, la confiance dont il les a honorés?

Mais si la poursuite est garantie, la punition l'est-elle également? Oui, tous les crimes sont prévus. La triste humanité est connue depuis long-temps; il n'y a que l'assemblage monstrueux de tous les crimes politiques, trahison, rebellion, guerre au Prince, guerre aux peuples, commis à la fois et réunis, qui eût à bon droit étonné le Législateur lui-même. Acquérons la conviction que la loi fournit au Magistrat le moyen d'atteindre tous ces crimes politiques; ouvrons le code pénal.

Art. 75. Tout Français qui aura porté les armes contre la France sera puni de mort.

Art. 77. Sera également puni de mort quiconque aura pratiqué des manœuvres, OU ENTRETENU DES INTELLIGENCES AVEC LES ENNEMIS DE L'ÉTAT, A L'EFFET DE FACILITER LEUR ENTRÉE sur le territoire Français; ou de leur livrer des villes, forteresses, places, postes, forts, magasins, arsenaux, vaisseaux ou bâtimens appartenant à la France; ou de fournir aux ennemis des secours en soldats, hommes, argent, vivres, armes ou munitions; ou de seconder les progrès de leurs armes sur les possessions, ou contre les forces de terre ou de mer ; soit en ébranlant la fidélité des officiers , soldats , matelots ou autres envers le Roi et l'État, ou de toute autre manière.

79. La peine de mort aura lieu , soit que les machinations ou manœuvres énoncées aux articles 76 et 77 aient été commises envers la France, soit qu'elles l'aient été envers les Alliés de la France, agissant contre l'ennemi commun.

84. Quiconque aura , par des actions hostiles non approuvées par le Gouvernement , EXPOSÉ L'ÉTAT A UNE DÉCLARATION DE GUERRE, sera puni du bannissement.

86. L'attentat ou complot contre la vie ou CONTRE LA PERSONNE DU ROI , est crime de lèze-Majesté ; ce crime est puni comme parricide.

87. L'attentat ou complot contre la vie ou LA PERSONNE DES MEMBRES DE LA FAMILLE ROYALE ; l'attentat ou le complot dont le but sera , soit de détruire ou DE CHANGER LE GOUVERNEMENT OU L'ORDRE DE SUCCESSIBILITÉ au Trône,

Soit d'EXCITER LES CITOYENS A S'ARMER CONTRE L'AUTORITÉ ROYALE ,

Seront punis de la peine de mort.

91. L'attentat ou le complot dont le but sera , soit d'EXCITER LA GUERRE CIVILE en armant ou EN PORTANT LES CITOYENS A S'ARMER les uns contre les autres ,

Soit de porter la dévastation, le massacre et le pillage dans une ou plusieurs communes, seront punis de mort.

93. Les Commandans qui auront tenu leur armée ou troupe rassemblée après que le licenciement ou la séparation en auront été ordonnés, seront punis de mort.

96. Quiconque soit pour envahir des domaines publics, places, villes, forteresses, appartenant à l'État ; soit pour piller ou partager des propriétés publiques et nationales, ou celles d'une généralité de citoyens ; soit, enfin, pour faire attaque ou résistance envers la force publique agissant contre les auteurs de ces crimes, SE SERA MIS A LA TÊTE DE BANDES ARMÉES, OU Y AURA EXERCÉ UNE FONCTION ou commandement quelconque, sera puni de mort.

La même peine sera appliquée à ceux qui auront dirigé l'association, levé ou fait lever, ORGANISÉ OU FAIT ORGANISER LES BANDES, ou leur auront fourni des armes, ou qui auront de toute autre manière PRATIQUÉ DES INTELLIGENCES AVEC LES DIRECTEURS ou Commandans des bandes.

97. Dans les cas où l'un ou plusieurs des crimes mentionnés AUX ARTICLES 86, 87 et 91 auront été EXÉCUTÉS OU SIMPLEMENT TENTÉS PAR UNE BANDE, la peine de mort sera appliquée sans distinction à tous les individus faisant partie de la bande, et qui auront été saisis sur le lieu de la réunion séditieuse.

Sera puni de la même peine, quoique non saisi sur le lieu, quiconque aura dirigé la sédition ou aura EXERCÉ DANS LA BANDE UN EMPLOI OU COMMANDEMENT quelconque.

98. Hors le cas où la réunion séditieuse aurait eu pour objet ou résultat , l'un ou plusieurs des crimes énoncés aux articles 86, 87 et 91 , LES INDIVIDUS FAISANT PARTIE DES BANDES dont il est parlé ci-dessus, sans y exercer aucun commandement ni emploi , et qui auront été saisis sur les lieux , seront punis de la déportation.

100. Il ne sera prononcé aucune peine pour fait de sédition contre CEUX QUI AYANT FAIT PARTIE DE CES BANDES, sans y exercer aucun commandement ni emploi , ni fonction , se sont retirés au premier avertissement des autorités civiles ou militaires , ou même depuis , lorsqu'ils n'auront été saisis que hors des lieux de la réunion séditieuse , et sans opposer de résistance et sans armes.

Et NÉANMOINS ils pourront être renvoyés pour cinq ans , au plus jusqu'à dix, SOUS LA SURVEILLANCE spéciale de la haute police.

102. Seront punis comme coupables des crimes et complots ci-dessus mentionnés, tous ceux qui par des DISCOURS TENUS DANS DES LIEUX OU RÉUNIONS PUBLICS , soit par PLACARDS AFFICHÉS, soit par DES ÉCRITS IMPRIMÉS , auront excité directement les citoyens ou les habitans à les commettre.

Néanmoins , dans les cas où lesdites provocations n'auraient été suivies d'aucun effet , leurs auteurs seront simplement punis du bannissement.

103. Toutes personnes qui ayant eu connaissance de complots formés ou de crimes projetés contre la sûreté intérieure ou extérieure de l'État , n'anront

pas fait la déclaration de ces complots ou crimes,
et n'auront pas révélé les circonstances qui en sont
venues à leur connaissance, seront, lors même qu'elles
seraient reconnues exemptes de toute complicité,
punies pour le seul fait de non-révélation.

Quelque étendues que soient ces dispositions que
le Roi avait adoptées et maintenues par la Charte,
il n'a pas encore borné là sa sage sollicitude. Lorsqu'il a aperçu un nouveau danger pour l'État, il
a voulu resserrer les liens de l'obéissance, en aver-
tissant solennellement, et en renouvelant, tant
à ses peuples qu'aux chefs civils et militaires qui
les dirigent, le souvenir du crime à fuir, du devoir
à acquitter ; il a voulu, que la loi s'appliquât spé-
cialement au cas particulier ; il a voulu, comme cela
doit être en bonne législation, que la loi fût anté-
rieure au délit ; et il a rendu l'ordonnance du 6
mars 1815. Elle porte.

Art. 1.er Napoléon Bonaparte est déclaré traître
et rebelle pour s'être introduit à main armée dans
le département du Var.

Il est enjoint à tous les GOUVERNEURS, COM-
MANDANS DE LA FORCE ARMÉE, GARDES NATIONALES,
AUTORITÉS CIVILES, et même aux SIMPLES
CITOYENS, de lui COURIR SUS, de l'arrêter et de
le traduire incontinent devant un Conseil de guerre
qui, après avoir reconnu l'identité, provoquera
contre lui l'application des peines portées par la loi.

Art. 2. Seront punis des mêmes peines et comme
coupables des mêmes crimes, les militaire et em-

ployés de tout grade qui auraient ACCOMPAGNÉ OU SUIVI ledit BONAPARTE dans son invasion du territoire français.

Art. 3. Seront pareillement poursuivis et punis comme FAUTEURS ET COMPLICES de rebellion et d'attentats tendant à changer la face du Couvernement et provoquer la guerre civile, TOUS ADMINISTRATEURS civils et militaires, chefs et employés dans lesdites administrations, payeurs et receveurs de deniers publics, même les simples citoyens qui prêteraient DIRECTEMENT OU INDIRECTEMENT AIDE ET ASSISTANCE A BONAPARTE.

Art. 4. Seront punis des mêmes peines, conformément aux dispositions de l'art. 102 du cod. pénal, ceux qui, par des discours tenus dans des lieux ou réunions publiques, par des placards affichés ou par des écrits imprimés, auraient pris part à la révolte ou à s'abstenir de la repousser.

Ces lois embrassent tout, tous les crimes d'état sont prévus, depuis la trahison et la rebellion du chef le plus élevé; depuis la complicité, la collusion ou la négligence du fonctionnaire public ; jusques au crime du particulier qui s'est audacieusement arrogé une puissance illégale, ou qui a été l'instrument volontaire du brigandage et de l'assassinat ; jusques à cette bande d'agitateurs et de rebelles qui se sont appelés fédérés, qui se sont donnés une organisation et des chefs, et dont le châtiment est écrit dans les articles 97, 98, 100 et 102 du

code pénal: chaque crime trouve la punition gra-
duelle et proportionnée à sa gravité, à son importance, à ses conséquences.

Par la nature ou la qualité des peines et par
leur graduation, la sûreté de l'État et du citoyen
peut être garantie, sans que l'humanité doive être
constamment affligée par des supplices, dont la
multiplicité est rejetée par nos mœurs. La déportation, le bannissement, l'interdiction de certains
droits civiques, le tout emportant avec soi l'ex-
clusion des emplois publics, le renvoi, enfin, sous
la surveillance de la police ; toutes ces punitions
légales et prévues par les articles 7, 8, 9 et 11
du code pénal, assurent l'ordre et la tranquillité
intérieure de l'État, en atteignant ceux que le
glaive n'a pas dû frapper ; en écartant les agitateurs
de toutes les classes, en les séquestrant de la société
qui les réprouve; en les mettant dans l'impossibilité
de recommencer ou, à mieux dire, de continuer
leurs méfaits.

Lorsque le législateur a tout fait, lois fondamentales amples et suffisantes , corps constitués
et magistrats, tous dépositaires de ces lois , tous
responsables de leur exécution ; pourquoi , le
répéterons-nous, fatiguer le Monarque de plaintes
inconsidérées? Pourquoi vouloir l'arracher aux soins
journaliers et multipliés de sa magistrature royale,
pour l'assujétir aux soins de détail et de localité
des magistratures particulières? Pourquoi remettre
à tout instant sous ses yeux l'aspect affligeant d'un

crime qu'il n'était pas en lui d'empêcher, et d'une complicité plus ou moins active de ceux-là même qui, par leurs fonctions, étaient obligés de le prévenir, de l'empêcher ou de le combattre ?

De quoi s'agit-il donc ? Faut-il demander une ordonnance pour chaque crime, une ordonnance pour chaque prévenu ? Faut-il relativement au fond du délit, demander une loi après qu'il est commis, et tomber ainsi dans l'inconvénient de la rétroactivité et de l'arbitraire ? Faut-il, quant à la poursuite, demandant à chaque évènement une disposition nouvelle, laisser à l'écart et méconnaître les règles générales établissant des formalités salutaires, une compétence naturelle et fixe, qui, en même temps qu'elles assurent la punition, assurent aussi le triomphe de l'innocence ? Ne verra-t-on jamais la possibilité de rien faire, qu'avec une loi pour chaque objet, chaque circonstance ? Les lois générales ne sont-elles donc bonnes à rien ; la France exigera-t-elle toujours de ces législateurs, qu'ils augmentent sans relâche la multitude déjà effrayante des lois ; et la division des pouvoirs, l'établissement et la distribution des magistratures serait-elle un bienfait inutile ? Faut-il enfin que la Majesté Royale quitte son sanctuaire auguste, pour venir dans chaque province remplir le ministère particulier de tous ceux qu'elle a institués pour la recherche des délits ? Eh ! non sans doute, il faut que les lois existantes soient exécutées ; il faut que chaque Corps de l'État veille dans le cercle de ses

attributions à leur exécution ; que chaque fonctionnaire s'y conforme avec fidélité.

Que si quelqu'un d'eux pouvait méconnaître ou
négliger son devoir ; allons plus loin, si quelqu'un
d'eux personnellement coupable des crimes qu'il
doit rechercher et punir, se dérobant lui-même à
la vindicte publique à l'ombre du sacerdoce civil
qu'il profane ; absolvant par conséquent, dans son
cœur pervers, tous ses corrées de crime, paralysait
la puissance de la loi : alors la France aurait quelque chose à demander à son Roi, ce serait des
Magistrats intègres et fidèles ; des Magistrats qui
n'aient dans leur cœur et leur pensée, que LE ROI,
l'honneur et leur devoir. Mais pourquoi sur une
crainte, sur une présomption ou pour des cas particuliers, ferait-on une injure générale aux Corps
entiers de tous les fonctionnaires de France ; pourquoi ne pas compter d'ailleurs sur les effets des
épurations successives que chaque corps ne peut
manquer de subir ?

Et pour chacun de ces cas particuliers, encore,
la hiérarchie des pouvoirs n'établit-elle pas une
surveillance positive et certaine, d'où doit résulter
l'accomplissement de tous les devoirs, le triomphe
de la justice ? Chaque fonctionnaire a sinon un
chef, du moins un supérieur et une autorité dont
il dépend ; chaque magistrat, chaque corps est sous
la dépendance et sous la surveillance d'un Ministre
d'état, qui, dans son département, présente les
sujets à la nomination du Prince, et doit assurer

l'exécution des lois ; il n'est point de disposition législative où le souvenir de cette partie de ces fonctions ne lui soit renouvelé, toutes finissent par ces mots : « notre Ministre est chargé de l'exécution « de la présente loi ou ordonnance. » Chaque Ministre, enfin, déclaré responsable par la Charte, est en même temps sous la main de son Roi et sous la surveillance des Chambres ; l'une peut accuser, et l'autre doit juger l'accusation : tout est donc prévu et réglé.

Nos institutions sont assez fortes pour assurer la justice. Nos institutions sont assez bonnes, si elles sont sévèrement et fidèlement observées : et quel Français, appelé aujourd'hui à des fonctions publiques, n'y apportera pas le sentiment de ce qu'il doit à son Roi, à la France, à l'honneur, à lui-même ?

Espérons ! Chaque jour redonnera aux lois leur empire ; à chaque fonctionnaire sa force, son énergie, et la possibilité de dérouler à ses propres yeux l'immense tableau des crimes, qui se sont pressés de remplir chaque instant de trois mois de tyrannie.

N'exigeons pas, dans nos vœux indiscrets, que la Puissance Royale atténue ou obscurcisse, par une recherche directe et immédiate, le droit sacré de faire grâce au coupable jugé et condamné. Est-il raisonnable de vouloir que le Prince, en punissant ou poursuivant lui-même le crime, se place dans cette alternative, ou de faire et de défaire lui-même, en poursuivant et en pardonnant successivement ; ou de renoncer à son plus bel apanage celui de faire grâce , pour assumer sur lui le soin de punir : qu'il le conserve, au contraire , dans tout son éclat ce droit de grâce au coupable condamné ; ce droit seul l'élèverait au-dessus du reste des mortels ; il se trouve en si belle harmonie avec les douces et précieuses qualités de son cœur, et il ajoute s'il est possible à l'amour et au respect des peuples , par cela même qu'il est le plus bel attribut de la souveraineté.

---

# DE L'INITIATIVE DES LOIS.

Rien n'est indifférent dans l'établissement de la loi, aucune des circonstances de sa promulgation n'est sans importance , parce que tout amène au plus ou moins de perfection de cet acte si essentiel pour le bonheur des peuples. Mais si , dans les diverses circonstances, on considère l'initiative de la loi ; si on examine la question de savoir qui doit proposer la loi ; l'intérêt ne pourra manquer de redoubler, car il ne s'agit plus seulement de la bonté de la loi en elle-même , il s'agira de la nature du Gouvernement , de sa durée , de sa sûreté.

Pourrait-on , en effet , méconnaître la corélation manifeste qui existe entre l'initiative de la loi et la nature du Gouvernement ; la puissante influence du droit de proposer des lois, sur la durée, la stabilité, la sûreté des Gouvernemens?

Il faudra donc se demander d'abord, si l'on veut vivre dans une monarchie ou dans une république?

En France on n'essayera plus sans doute de poser, de discuter cette question. Les souvenirs de tant de siècles de bonheur sous nos Rois; le tableau hideux de nos monstrueuses et successives républiques; ces sentimens d'amour et d'enthousiasme qui portent tous les cœurs français vers les Princes chéris qu'elle a miraculeusement recouvrés, ne laissent pas en France cette question indécise. La France est monarchique de sa nature; elle ne peut être que monarchique; tout ce qui portera atteinte à ce genre de Gouvernement, le seul qui convienne à sa situation politique et au rang qu'elle occupe parmi les nations, comme à son génie et à ses mœurs, doit exciter un salutaire effroi.

Et si, dans l'état monarchique, il est de l'essence du Gouvernement qu'à la différence de l'état despotique, le Monarque règne d'après les lois; il est aussi de son essence à la différence de l'état républicain, que le Monarque soit législateur : par suite, que lorsqu'il existe un Corps qui doit participer à la confection de la loi, ce soit le Monarque qui la propose. Cette initiative est ce qui constitue la royauté, et tout ce qui la constitue se réduit à cela. Bien plus, cette initiative dans la main du Roi est la seule garantie de l'existence et de la durée de la monarchie, de la sûreté du Monarque; de l'ordre et de la paix publique ; elle est nécessaire et indispensable au Monarque; elle est inutile et dangereuse dans toutes autres mains.

Le pouvoir de faire des lois est, d'après tous les publicistes, le premier, le plus réel de ceux qui caractérisent la monarchie et qui sont de son essence. Faire et établir des lois, instituer les officiers publics, faire distribuer la justice, disposer des subsides après leur levée, arbitrer la paix ou la guerre, faire battre monnaie; tels sont, d'après eux, les droits attribués au Monarque, les droits formant la Majesté Royale, les droits nécessaires pour que la royauté existe ; et ils font remarquer, avec raison, que le pouvoir d'établir les lois est placé au premier rang des actes de souveraineté, parce que, sans celui-là, tous les autres ne sont rien, ils ne peuvent être ni réels, ni utiles, ni durables. Comment pourraient en effet exister des droits secondaires ou accessoires, tout importans et respectables qu'ils soient, s'il existait une puissance qui pût à tout instant les modifier ou les détruire par une loi ? Ce droit d'établir la loi est la colonne sur laquelle repose le sanctuaire de la royauté. Acquérons-en la salutaire conviction, dans ce moment où la royauté à tant besoin d'être consolidée et raffermie.

Ce n'est point une vaine théorie, que cette doctrine des publicistes : qui pourrait nous dire ce que serait devenue la Monarchie Française, lorsque l'anarchie féodale l'avait amenée au point de n'être plus reconnaissable , de n'avoir plus qu'une existence idéale , et de ne plus se soutenir que par les souvenirs du passé ; si Saint-Louis, en ressaisissant le droit de législation qui était échappé des mains de ses prédécesseurs , pour se diviser dans celles de chaque grand vassal de la couronne, n'avait ainsi, par la sagesse des lois, bien plus efficacement que par la force des armes, relevé le sceptre royal, et rendu l'unité et l'éclat à la monarchie.

La monarchie, la royauté divisée entre les grands vassaux , n'était plus qu'un vain nom ; la France survivait encore à son gouvernement, mais chaque jour était un pas vers sa ruine. Un Roi législateur paraît, il s'arme de sa puissance législative, il crée des cours de justice qui recevront les appels des justices des grands vassaux ; il fait ces établissemens, ces capitulaires , dont les dispositions réglant, par les émanations de sa Cour Royale, toutes les contrées de l'empire, rendront ainsi la volonté ou les règlemens particuliers des seigneurs impuissans. La loi ramène tout au Prince , fait arriver sa puissance protectrice à tous les sujets, elle resserre tous les nœuds ; ceux qui auraient résisté et combattu contre la puissance du glaive, cèdent à la force de la loi, et la Monarchie Française est sauvée. La royauté trouva sa vie et sa force dans le pouvoir d'établir la loi ; ou, si l'on veut, le droit d'établir la loi prit sa réalité dans sa nécessité, dans son utilité même : conformément aux principes reconnus, il fut inhérent à la royauté, qui reprit par lui tout son éclat; dès-lors fut adopté cet adage, que le Roi est le seul législateur en France.

Et cependant les Rois de France non-seulement voulurent toujours régner par les lois, et que le royaume fournît toujours un modèle de cette monarchie tempérée, si justement vantée par les publicistes, dont la Nation n'a cessé de connaître les douceurs ; mais, il faut le dire encore, sans rien perdre du pouvoir salutaire de législation, ils s'aidèrent toujours, par un mode quelconque, des lumières et des conseils de la Nation ; toujours elle participa, avec le Souverain, au grand œuvre d'une loi à faire.

Tantôt et suivant les temps, ce sont les États généraux ou particuliers qui sont appelés à discuter avec leur Roi sur les besoins de la Nation et sur l'utilité d'une disposition nouvelle, et le Souverain instruit, éclairé par ses sujets, prononce et rend ses ordonnances. Tantôt et lorsque les Parlemens devenus sédentaires, attirent à eux les regards et le respect par des services réels rendus dans l'administration de la justice, un enregistrement qui ne fut, dans l'origine, qu'un moyen de faire connaître la loi et d'assurer sa conservation, fournissant une occasion de faire au Prince de sages observations ; les doléances sur les besoins des peuples, les remontrances respectueuses sur l'utilité ou la bonté d'une loi, deviennent un usage ; et qu'il fût ou qu'il ne fût pas devenu un droit, cet usage est une participation plus ou moins parfaite que la Nation prend à sa législation ; et, il faut le dire, toute imparfaite qu'elle pût être, elle avait son effet et son utilité chez un peuple où les mœurs et l'opinion ont toujours un ascendant puissant et salutaire.

Il est certain que dans les temps de notre gloire, de notre force, de notre prospérité, de la réalité de la fortune publique et des fortunes privées, le Roi fut législateur : qu'il le fut toujours plus ou moins directement avec le concours de la Nation; mais que n'y ayant d'autre Corps législatif permanent que le Roi, il avait évidemment l'initiative de la législation.

Ce droit de l'essence de la royauté est donc inhérent à la Monarchie Française. Et, s'il en est ainsi, si cela s'est ainsi établi, n'est-ce pas par la force de la nécessité ? N'est-ce pas par une utilité réelle ? Est-il possible d'assurer la stabilité et la durée de la monarchie, en laissant dans d'autres mains que celle du Monarque, la possibilité de donner le mouvement à la législation ? Et tandis que tous les Corps de l'État ont sans doute un intérêt réel et positif à la perpétuité du Gouvernement monarchique, nul n'a pourtant un intérêt aussi prochain, aussi immédiat, aussi pressant que le Monarque lui-même : de sa part, le mouvement donné à la législation ne sera jamais, il ne peut jamais être que monarchique; de la part de tout autre Corps constitué, la chose est au moins douteuse; de toute autre partie de la Nation qui n'aura plus la même immobilité individuelle, qui n'aura plus la même suite d'idées, de besoins et de principes, ce mouvement à imprimer, peut être l'effet de l'irréflexion, des passions, de la plus misérable cabale, et la loi devient le poison qui tue la monarchie, au lieu d'être l'aliment qui en perpétue l'existence.

Et si tout autre que le Prince a le droit de proposer la loi, qui garantira sa personne auguste des atteintes des factions et de l'insurrection? Une première loi mise en avant par une faction dominante, habile à déguiser ses intentions sous une fausse couleur, portera une atteinte, légère en apparence, mais qui servira de base à tous les coups à venir; une seconde, une troisième loi achèveront un ouvrage d'iniquités, et la personne sacrée du Souverain, malgré son inviolabilité écrite dans des lois antérieures, se trouvera à la merci de la rebellion et du crime.

Qui garantira la sûreté publique, l'ordre et la paix de l'État; qui garantira ses lois organiques, si la proposition de la loi est confiée à un Corps toujours vacillant et incertain dans sa marche, dans ses opinions et ses idées, par suite de l'instabilité de sa composition; par les erreurs et les écarts que le choc des passions, que l'inexpérience doivent nécessairement produire?

Un Corps législatif quelconque, et, par exemple,

les Chambres qui le forment aujourd'hui , embrasse et porte dans son sein une très-grande quantité de parties , un nombre considérable d'hommes qui n'ont ni les mêmes idées, ni les mêmes plans , ni les mêmes vues , ni les mêmes intérêts : ce Corps se renouvelle sans cesse, il acquiert à tout instant des élémens nouveaux et divergeans : si , cependant, le timon et la direction sont saisis par les mille mains qui le composent, n'y aura-t-il pas une vacillation , une incertitude funestes ? Ces parties hétérogènes qui sont venues former un seul corps, pourront-elles, lorsqu'il s'agira de créer et de proposer , avoir un même esprit ? Le choc des idées ne produira-t-il pas les fausses spéculations, les fausses démarches ? Pourra-t-il se soumettre à abandonner lui-même le droit séduisant de proposer, pour suivre une route tracée de longue-main vers le but sacré de la sûreté du trône et de la prospérité de l'État ? N'abandonnera-t-il pas capricieusement ou avec dedain cette route, de cela seul qu'il ne l'aura pas tracée ? S'il propose enfin, toutes ces institutions ne seront-elles pas frappées de cette mobilité , de cette variation qu'il trouve et qu'il puise dans son existence ?

Les inconvéniens les plus graves se présentent en foule, si l'on laisse sortir de la puissance du Prince , la proposition de la loi ; si un Corps de l'État quelconque y participe. Cette faculté en d'autres mains ne donne aucun avantage , ni aucune utilité , et laisse ses dangers sans aucune compensation.

Quelle compensation y a-t-il eu, en effet, aux maux qu'a produit l'usurpation que fit l'assemblée constituante du droit de législation? En même temps qu'elle s'arrogea ce droit, elle accordait à son Roi une inviolabilité dérisoire et illusoire, puisqu'elle était dénuée de la force préservative qu'elle aurait dû trouver dans la puissance de Législateur. Tout se tient, tout se lie par une chaîne affreuse, depuis l'assemblée du jeu de paume jusques au décret de la convention qui assassina le meilleur des Rois. Il n'y a que trois actes à remarquer dans les assemblées tumultueuses qui ont rempli cet intervalle : l'usurpation sur le Roi du pouvoir législatif; la proclamation de la république; le coup de poignard sacrilége qui anéantit la personne du Roi, importune et alarmante pour le séditieux qui a usurpé son pouvoir. Et dans ces actes odieux, suite inévitable l'un de l'autre, on ne sait à quoi s'arrêter le plus, ou à l'audace du premier, ou à l'extravagance du second, ou à l'atrocité du dernier. En versant des larmes amères sur nos crimes passés et sur leur cause, ne créons point de sinistres présages; la protection divine s'est manifestée, elle a permis deux fois le retour de nos Rois, elle ne replongera pas la France dans le deuil; mais redoutons du moins des causes qui, une fois, ont produit de si terribles effets.

Nulle précaution, nulle combinaison pour la confection de la loi, ne peut remplacer, dans la main du Prince; la spoliation que l'on opère envers lui; en remettant à d'autres le droit de la proposer; rien ne peut prémunir contre les inconvéniens que cette faculté donnée à d'autres présente.

Vainement il faudra le concours des deux Chambres et du Roi pour que la loi soit parfaite; vainement il aura le droit de refuser son concours ou sa sanction ou la publication; cette force d'opposition attribuée au Prince est un vain remède, si elle n'est un mal de plus.

Ce n'est point au Prince que convient et qu'appartient le pouvoir d'opposition et de résistance; loin d'être utile ou suffisant, ce ne serait qu'une arme toujours prête à être dirigée contre celui qui aurait voulu l'employer pour sa défense; ou pour celle des institutions que, plus que tout autre, il est chargé de transmettre à la postérité dans leur intégrité. C'est aux Chambres à qui le droit de refus ou d'inertie doit être laissé et attribué, parce que dans leurs mains il est utile et suffisant pour garantir une sage liberté.

Que les Chambres soient admises avec plus ou moins de précaution, de formes et de détours, à proposer une loi, et que le Roi en soit réduit à refuser d'y concourir, à refuser sa sanction Royale; sans doute, s'il use de ce droit de refus, la loi n'aura pas son existence : mais cette loi aura été proposée avec pompe à la tribune aux harangues, par un orateur intéressé, en première ligne, à faire adopter son opinion, ou celle d'un parti, d'une

faction; une majorité imposante entraînée dans
l'erreur par les menées d'une faction, par un germe
de rebellion qui peut encore se renouveler dans
des temps plus ou moins rapprochés; entraînée ,
enfin, par cette fatalité dont nous avons été si souvent et si malheureusement frappés , et qui s'atta-
che plus particulièrement à des assemblées nombreuses qu'à tous autres corps ; une majorité imposante aura, disons-nous, adopté une proposition ,
et peut-être l'aura-t-elle fait avec enthousiasme :
cette proposition aura été présentée à la Nation
comme son *palladium* , comme le *nec plus ultrà* du
bonheur ; et cependant la sagesse démontre que
cette proposition n'offre qu'une institution funeste,
que des résultats désastreux, peut-être même qu'une
atteinte à l'Autel , au Trône, à la sûreté publique :
cela s'est vu ! Le Roi refusera de concourir à cette
loi dangereuse ; il le doit , il est le Père, le tuteur
perpétuel des Peuples ; il doit les défendre contre
leurs propres mains ; il doit et pour eux et pour lui
défendre son existence civile et politique, si elles
sont attaquées ; il le doit, il le fait, il refuse avec
sagesse et fermeté. Mais de quel œil sera vu son
refus ; quel effet produira-t-il dans l'esprit et dans
le cœur d'un peuple prévenu ? Toutes les impressions
d'une proposition , présentée comme d'un avantage
immense pour la prospérité ou pour la liberté du
peuple, existent ; toute l'influence d'une proposition
que l'on accompagne de ces mots séduisans, d'intérêt public ; toute l'influence qu'un Tribun populaire

ne manque pas d'avoir sur les esprits , existent et ont été pleinement exercées. La Nation s'élève par l'opinion contre son Roi , elle l'accuse de s'opposer à son bonheur , à sa prospérité : le Roi, fort de sa sagesse et de la conviction qu'il est dans la route du bien , persiste à vouloir le procurer à son peuple; il persiste dans un noble et courageux refus. Les Tribuns crient au despotisme , leurs échos répètent ce cri funeste : les révolutions sortent encore de leurs antres ténébreux.

Si ces résultats n'ont pas lieu à un premier refus, à un second, qui seront toujours dictés par le sentiment de la raison et de l'utilité, ils ne manqueront pas à coup sûr d'arriver à un troisième , à un quatrième ; et une direction erronée une fois prise dans les assemblées législatives , les occasions d'un salutaire refus ne manqueront pas de se présenter, ou bien une faction qui se couvre du voile du bien public , saura bien les faire naître , pour mettre le Monarque en opposition avec son peuple. Bientôt seront détruits le respect , la vénération, l'amour, par cela même que le Monarque les aura le plus mérités, et seulement parce que le moyen dont il a usé n'était qu'une fausse sauve-garde, qu'une arme dangereuse.

Que restera-t-il au Souverain pour accomplir le devoir sacré, que sa qualité de Roi lui impose, de sauver la Monarchie et de maintenir l'ordre public ? Il ne lui restera que la force. La force contre les délégués de son peuple , ou contre son peuple lui-même ! Et un Roi sera réduit à combattre son peuple, comme s'il en était le despote ou le tyran, pour lui avoir laissé, par trop de désintéressement, une faculté nuisible, qui a été transmise et déléguée à des mains inhabiles ou perfides ! Il sera réduit à la cruelle alternative, ou de combattre son peuple, en s'élevant contre son propre cœur, contre son propre amour; ou de manquer à ce devoir d'un Roi, de sauver l'ordre public et la Monarchie.

Elles retentissent encore d'une manière effrayante ces paroles terribles du coriphée de l'insurrection et de l'anarchie : « Allez dire à votre maître, que « la seule puissance des bayonnettes pourra nous « chasser de l'enceinte où nous nous sommes assem- « blés. » Déjà l'initiative de la législation était usurpée, par une seule portion des États généraux, en se séparant des autres, en posant de nouvelles règles de réunion, en se déclarant tumultueuse- ment assemblée nationale. Lorsque Mirabeau adres- sait ces paroles audacieuses au Ministre de son Roi, déjà on avait fait le fatal essai de cette faculté de prendre l'initiative sur son Roi. Et connaissant bien cette vérité qu'il ne restait plus à leur Souverain que la puissance des bayonnettes, les factieux bra- vèrent un pouvoir contre lequel ils trouvaient leur égide dans l'extrême bonté du Roi, qu'en raison de cette bonté même, ils ne craignaient point d'of- fenser. Ils savaient que le cœur sensible et bon de Louis XVI ne se déciderait jamais à employer la force, même contre des rebelles qui devenaient les ennemis et du peuple et de lui, et ils marchèrent avec sécurité dans la carrière qu'ils s'étaient ouverte.

L'initiative une fois usurpée, fut de suite et par la pente naturelle des choses, érigée en droit dans une constitution, qui porta ainsi dans son sein le principe de destruction de tous les pouvoirs qu'elle établissait, comme celui de sa propre destruction. Chaque jour vit éclore une nouvelle usurpation, une nouvelle attaque contre la Monarchie ; vainement le Roi employa, pour arrêter ces désordres et pour défendre la Monarchie, sa résistance légale : vaine et dangereuse ressource ! Ses refus sont d'abord qualifiés de tyrannie ; et bientôt après signalés par le mot de VETO, ils sont entourés d'une défaveur et d'un ridicule que l'on parvient à étendre du refus en lui-même, à l'auguste personne à qui la sagesse l'a commandé. Il l'avait, l'auguste LOUIS XVI, ce droit de refus et de rejet d'une loi qui lui paraîtrait mauvaise ! Mais une faction lui avait arraché l'initiative de la loi, et dès-lors elle se livra sans obstacle à ces actes multipliés d'insurrection et de destruction, qui jamais n'eussent pu exister, et surtout se couvrir d'une teinte sinistre de légitimité, sans la reconnaissance de ce droit funeste. L'initiative de la loi une fois enlevée et consacrée, tout autre pouvoir dans les mains du Roi fut et dût être impuissant : l'œuvre d'iniquité dut être consommé ; la Monarchie, le Monarque n'existaient déjà plus.

Pourquoi donnerait-on aux Chambres d'un Corps

législatif cette faculté si dangereuse et si funeste ; lorsqu'elle ne leur est d'ailleurs d'aucune utilité pour faire le bien, et pour être envers le peuple la garantie contre des actes de législation qui présenteraient des avantages pour lui ; et disons-le, pour le préserver à des époques que la personne et les vertus de nos Princes nous présentent comme bien éloignées, d'actes quelconques qui tendraient au despotisme ? Si jamais le Monarque présentait à leur délibération des actes attentatoires aux intérêts de la Nation ; le refus, le rejet, la force de résistance, a de leur part tout son effet ; la loi n'a pas lieu ; l'utilité réelle est assurée.

Ce pouvoir de résistance s'exerce de leur part sans danger, sans défaveur ; la multiplicité des parties qui composent le Corps, les variations qu'il éprouve dans ses parties, les nombreuses ramifications qu'elles lui donnent, le mettent à l'abri de tout inconvénient ; tout refus censé fait pour l'avantage de la Nation, présenté sous ce rapport et ayant toujours du moins cette excuse, ne cause pour elles aucun inconvénient, n'excite envers elles aucune défaveur : elles ont fait le bien où sont réputées avoir cru le faire ; le Corps législatif a résisté, mais ce n'est pas pour lui, c'est pour la Nation et pour la conservation de ses droits ; ce Corps n'a jamais de cause personnelle à défendre, ou s'il en avait une, comme ce serait la Nation, sa représentation qu'il défendrait en repoussant les attaques dirigées contre lui, la faveur de la Nation l'accom-

pagne et le soutient. La défense et la victoire sont
réunies dans le simple refus: ce droit remplit en
entier le but proposé, tout autre est inutile.

Sans doute, à défaut de l'initiative des lois, le
Corps législatif ne pourra pas proposer une chose
utile et en procurer l'avantage à la Nation : cela
est vrai ; mais il sera peut-être aussi vrai de dire,
que ce sera un honneur ou une gloire dont ce
Corps législatif se trouvera privé , sans que l'on
doive concevoir de grandes alarmes sur les pertes
qui en résulteront pour la Nation. On accordera
sans doute, que le Monarque veille aussi sur les
besoins de son peuple, et que plus que tout autre
Corps, par la stabilité de sa surveillance, il est à
portée de les connaître : et d'ailleurs, les différens
rouages de l'État; les Assemblées de conseils dans
les départemens , par les comptes rendus de leur
situation ou de leurs travaux; les Corps de com-
merce ; la marche plus ou moins facile de l'administration : tout fait connaître au Prince ce que
réclame la position et l'état de la Nation ; l'idée
d'une loi nouvelle arrive ainsi à lui, sans aucun des
dangers que présente le droit consacré de proposition ; il suivra cette idée, et il ne sera pas censé
céder à l'espèce de contrainte qui existe dans une
proposition formelle et positive; il la suivra à coup
sûr , car un Souverain n'a jamais d'intérêt à ne
pas faire une chose qui doit augmenter le bonheur
et la prospérité de son peuple : un Roi ne se
refuse pas au bien par un frivole caprice, et seu-

lement pour en priver ses peuples. Un Roi pourrait
méconnaître ce bien ; mais une réflexion rassurante se
présente, c'est qu'il ne saurait le méconnaître long-
temps. Le cri d'une Nation , qu'exciteraient des
besoins réels, est bien fort , pour qu'il ne fût pas
entendu; l'opinion publique a tant de moyens de se
manifester , elle pénètre si facilement et si promptement par-tout , et jusqu'au Trône même ; elle
exerce un empire si grand et si irrésistible , qu'elle
éclaire à coup sûr le Monarque , et plaide assez
fortement pour la démonstration d'un avantage qui
n'aurait pas été remarqué ou deviné : le bienfait
d'une loi nouvelle pourra être retardé , mais il ne
sera pas indéfiniment perdu : il pourra être retardé,
mais il n'en sera que plus démontré et d'une réalité
plus certaine. Et comme le sort et la prospérité
des nations ne dépendent pas de quelques instans,
de quelques privations momentanées, tandis qu'une
institution hasardée peut être d'une influence mor-
telle : comme le défaut momentané ou même dé-
finitif d'un avantage, quelque réel qu'il fût , n'est
jamais que la privation d'un plus grand bien; tandis
qu'un acte nouveau peut être la source d'un très-
grand mal : ce retard, cette privation , momentanés
ou définitifs , ne peuvent être mis dans la balance
avec les inconvéniens d'une importance bien plus
grave qui ont été remarqués.

Pour conserver et pour maintenir les institutions ;
pour défendre , s'il en était jamais besoin, la liberté
publique , le Corps législatif n'a pas besoin du

droit de proposer des lois , le droit de résistance lui suffit : il ne peut en avoir besoin que pour attaquer , pour détruire ; et doit-il avoir une si funeste possibilité ?

Cette vérité, de tous les temps, ne devient-elle pas plus sensible , lorsqu'une Nation a déjà des lois organiques et fondamentales: lorsqu'une Charte existe et qu'il ne s'agira plus que d'objets réglementaires ; ou de ces changemens, de ces modifications partielles et éloignées , que la succession des temps indique , exige et finit par amener, de son propre poids , de sa propre influence : dans cette position , l'empire du temps, des besoins et de l'opinion , rend de sa part toute initiative inutile , et le Monarque , nous l'avons déjà vu , cédera à cet empire qui s'étend jusques à lui , sans effort comme sans secousse. Dans cette position, la Nation n'a presque plus d'objet d'un intérét immédiat, que la loi de l'impôt , et pour cela , l'initiative lui est inutile ; les besoins lui sont exposés et soumis ; elle les apprécie. Le pouvoir d'accorder on de refuser lui suffit.

Ce principe fondamental de la Monarchie que l'initiative de la loi appartient au Roi , pourrait-il enfin être foulé aux pieds, lorsque déjà le Monarque a fait toutes les concessions de pouvoir ssuffisantes , pour l'avantage et la prospérité de l'État , et pour prémunir les générations présentes et futures contre toute tendance vers le despotisme ? Pourrait-ou le fouler aux pieds , lorsque la famille de ses Rois se trouve d'ailleurs dépouillée d'une foule d'avantages et de droits, dont le concours et l'existence contribuaient à la majesté du Trône, sans être d'aucun préjudice pour les peuples , et que la révolution a engloutis dans son gouffre. Autrefois nos Rois avaient un apanage et un patrimoine personnel ; dans un affaiblissement accidentel de puissance, ils trouvaient des ressources , une grande existence individuelle et personnelle dans une fortune indépendante et personnelle ; souvent elle leur servit à réparer et à guérir les blessures de l'État et de la Monarchie , et à rendre à chacun d'eux son éclat. Aujourd'hui nos Princes, dépouillés par leurs sujets , ne se présentent à eux qu'avec les droits de la légitimité et avec leurs vertus héréditaires ; toute leur puissance est légale. Simples pensionnés de leur peuple , leur fortune est celle de l'État, leur sort est d'autant plus lié à celui de l'État , leur puissance est toute dans la Majesté Royale , dans les droits sacrés et protecteurs de la Souveraineté légitime; et c'est dans de telles circonstances que l'on anéantirait le plus utile de ces droits, celui d'où dépendent tous les autres ! Mais ce serait vouloir que le Roi ne fût pas Roi; ce serait vouloir qu'il y eût une Monarchie sans Monarque.

Un tel état des choses ne pourrait exister longtemps: l'admettre, ce serait changer, pour se voir forcés de changer bientôt encore; il ne sera donc pas admis. Dans les délibérations majestueuses qui se préparent, il sera d'un rare et admirable exemple, qu'un Roi, animé du plus noble désintéressement, ait offert à son peuple, la concession du plus réel et du plus précieux de ses droits de souveraineté, et que d'augustes Assemblées, résistant à cet entraînement de l'amour-propre ou de l'ambition qui portent toujours vers un agrandissement de pouvoir, une augmentation de puissance, n'écoutant que la modération et la sagesse, refusent, pour le salut des peuples et pour la sûreté de la Monarchie, une faculté dont elles ne pourraient faire qu'un usage pernicieux; qu'elles supplient leur Roi de garder, dans ses augustes attributions, un droit qui fait l'essence et le principe de son pouvoir royal, et dont tous les avantages restent attachés à l'exercice que le Monarque en fera seul, comme ayant seul la Majesté Royale.

---

# DE LA DISCUSSION POLITIQUE

## DES LOIS.

LA discussion publique sur l'adoption d'une loi proposée, est-elle utile, est-elle dangereuse?

S'il est vrai que la loi doive être aux yeux des peuples, un objet sacré, de respect, de vénération, de culte; s'il est vrai que celui qui doit participer à la confection d'une loi, doive apporter à cet important travail le calme et l'absence de toute passion ; qu'il doive être à l'abri de tout prestige de l'éloquence; qu'il doive être dégagé de tout sentiment d'orgueil et d'amour - propre, de toute influence étrangère et populaire; il n'y aura nul doute que la discussion publique, sur une loi à émettre, ne soit non-seulement inutile, mais bien encore nuisible et dangereuse.

Il fut de tous les temps reconnu que les peuples ne peuvent se gouverner eux-mêmes, qu'ils doivent avoir des chefs; ils ont, dans la monarchie, les Rois qui, pour la sûreté même des peuples, se succèdent au trône, naturellement, légitimement et sans interruption.

Les siècles nouveaux amènent de nouvelles mœurs, de nouveaux besoins: il faut, à de longs intervalles de temps, des lois nouvelles. Quel sujet de méditation que cette loi nouvelle à imposer! Il faudra profiter de la sagesse des siècles écoulés, et en même temps en combattre, en corriger les erreurs et les fautes: il faudra s'élever contre le prestige de l'habitude, contre la connaissance et la certitude de ce qui est, de ce qui existe, et de leurs résultats : il faudra, enfin, mesurer et juger l'avenir, prononcer sur l'exécution, l'effet, les conséquences de ce qui n'est pas encore.

Cet objet de méditation et de culte ne fut jamais abordé par les Rois qu'avec une extrême réserve, une sainte retenue, qui sont d'un bien

salutaire exemple. Toujours, et par un mode quelconque, ils ont appelé à eux, l'aide et le secours
de la plus sage portion des peuples. Aujourd'hui
une représentation nationale existe dans un corps
légalement constitué : toutes les classes des peuples
et de la société sont là, non plus pour aider seulement le Souverain, mais, il l'a voulu, il l'a demandé
lui-même, pour concourir avec lui à cette création
majestueuse.

Le Peuple ainsi représenté est tout entier dans
le Gouvernement ; tout entier participant à la législation. Impossibilité physique à ce qu'il y fût posi-
tivement et individuellement en entier, parce qu'il
ne peut ni quitter ses affaires domestiques, ni être
réuni dans une suffisante enceinte : impossibilité
morale à ce qu'il y fût individuellement, parce que
la masse n'apporterait aux délibérations que l'igno-
rance, la folie, la fougue de toutes les passions.
Mais il y est en entier, par les hommes de son
choix, les hommes réputés et évidemment les plus
instruits, les plus intéressés au bonheur et à la prospérité nationale. Les Sages de la Nation sont là par
elle, pour elle. La Nation s'est concentrée dans sa
portion la plus pure ; elle est présente, elle agit
par cette portion : elle n'a plus rien à faire, elle n'a
plus besoin de rien faire par elle-même.

A quoi servira pour les peuples la discussion publique d'une loi proposée ? Éclairés par cette discussion, viendront-ils prononcer eux-mêmes sur la

loi ? Viendront-ils arrêter leurs Représentans dans la direction qu'ils manifesteront vouloir prendre ? Cela ne peut, ni ne doit être : ce serait là l'anarchie. Les Représentans, en qui la Nation est circonscrite, renfermée ou réduite, font et doivent faire pour elle ; ils font évidemment mieux qu'elle, de cela qu'ils sont en petit nombre, et que ce petit nombre est choisi.

Ils ne sont et ne doivent pas même être responsables de leurs votes et opinions. Quel homme pourrait demeurer assujéti à être recherché pour une erreur, en matière de politique ou de législation ? Qui pourrait-on, qui oserait-on établir le juge d'une prétendue erreur de ce genre ? Serait-ce sur-tout le peuple, que l'on pourrait choisir pour juge ?

La garantie nationale de la bonté possible d'une loi, n'est pas dans la responsabilité de ceux qui y concourent : elle est dans le mode de sa confection, dans la sage lenteur de son émission, dans la méditation et la réflexion de son invention ; elle est, enfin, dans le nombre, la qualité, l'âge, l'intérêt, le savoir, l'expérience de ceux qui y concourent.

Et le législateur fût-il responsable : la publicité de la discussion assurerait-elle l'effet de cette responsabilité ? L'art de la parole, appelant à lui la subtilité de l'argumentation, la hardiesse et le faux brillant des pensées, ne vient-il pas à bout, lorsqu'il le veut, de voiler la mauvaise foi, de colorer et de

justifier presque les propositions les plus fausses ,
les plus perverses et les plus désastreuses ?

Ne gagnant rien à connaître la discussion sur la
loi , combien il aura au contraire à y perdre ! De
quelle funeste influence, cette connaissance sera
pour le peuple !

Nul doute, d'abord, que le grand intérêt que
présente cette loi qu'on lui prépare, n'excite, chez
le peuple, l'attention et la curiosité. Sans cesse à
l'éveil de ce qui se dit, de ce qui se fait sur cet
acte important , son esprit et ses sens sont dans
une tension , dans une fermentation continuelle.
Chaque jour , réuni en groupes devant la porte
des clubs , des cafés , des guinguettes, il attend
la précieuse , ou à mieux dire la pernicieuse ga-
zette, qui chaque jour, à la même heure, ouvrira
des milliers d'assemblées, où chacun viendra légis-
later; discuter, disputer sur ce qu'il n'entend pas ,
sur ce qu'il ne connaît pas; et il faut le dire ,
sur ce qu'il n'a nul besoin de connaître pour son
bonheur. Et cependant, détourné de ses travaux
utiles et nécessaires ; distrait de ses douces affec-
tions de famille , et les quittant pour se livrer
à la politicomanie ; emporté le plus souvent aux
animosités , aux haines, à l'esprit des partis, dont
le nombre égalera le nombre des rassemblemens;
le citoyen perdra tout le bienfait de la réunion
des hommes en société, tout le bienfait d'un Gouvernement établi, celui de se reposer sur autrui,

du soin et de la tâche pénible de conduire les hommes. Il n'acquerra que le triste avantage de perdre son repos, que le cruel désir ou la malheureuse volonté de troubler l'État, pour mettre ce qu'il appellera son opinion, à la place de celle des législateurs choisis et reconnus ; et il ne respirera que pour l'anarchie, sous la fausse et trop séduisante idée de bien public.

Et lors même qu'il serait vrai qu'une fois sur mille, une idée heureuse pût être fournie par un citoyen oublié ou ignoré, cet inconvénient peut-il entrer dans la balance ? Il faudrait donc, pour ne pas perdre une seule parcelle des idées éparses, faire l'appel nominal de la Nation sur chaque acte du Gouvernement ; il faudrait donc n'avoir pas de gouvernement.

Chacun de ceux qui sont légalement appelés à ce Gouvernement, vient y payer le tribut de ses méditations, de ses lumières, et il n'a pas médité au hasard et comme par passe-temps. Il apporte ses lumières personnelles, et il est libre d'appeler particulièrement à lui le secours de toutes celles dont il connaît l'existence et qu'il peut réunir. Si, dans ce concours de ce qu'une Nation, et ce que son Gouvernement, peuvent légalement fournir de moyens pour connaître et pour faire le bien, il arrivait cependant qu'on n'y atteignît pas, il faudrait se rappeler que c'est le sort des institutions humaines, de ne point arriver à la perfection.

Les peuples sont de grands enfans, et les Français, susceptibles de tant de bien et de tant de mal, sont plus grands enfans que tous les autres. Les peuples comme les enfans, assez bons juges de ce qui est fait ; bons appréciateurs sur-tout des actes qui punissent ou qui récompensent, sont incapables de rien faire de bien par eux-mêmes, de rien établir de sage, de réfléchi. Pour tout ce qui est à faire, la légèreté des idées, la frivolité des goûts et des caprices, les écarts de l'imagination, prennent le dessus sur les produits de la méditation et de la réflexion : et c'est là une des causes pour lesquelles il a fallu des gouvernemens. Malheur donc aux peuples où chaque individu sera mis à même, sera excité, à venir à chaque instant mettre sa volonté, ses opinions, à la place de celles de la puissance établie !

Ils le savaient bien ceux qui voulurent tout détruire, et faire planer leur ambition sur les abîmes de l'anarchie ; ils le savaient bien qu'il fallait allumer l'imagination et exciter l'amour - propre des moins sages et des moins expérimentés ; ils le savaient bien qu'il fallait entretenir, encourager dans chacun la prétention de tout savoir, tout régler, tout ordonner ; et ils inventèrent la discussion publique de la loi, et la prostitution des mystères de la délibération, par la voie des gazettes et journaux.

Que sera-t-elle ensuite après sa promulgation,

cette loi profanée, dans les lieux les plus vils et les plus obscurs, dès avant son existence?

Ses inconvéniens, s'il y en a, et quelle est l'institution humaine qui en est exempte ! ont été exposés au grand jour ; ils ont été exagérés, peut-être de bonne foi, par celui qui a voulu les présenter avec force ; mais toujours avec une pernicieuse astuce, par un parti d'opposition qui veut se rendre populaire. Divisée dans ses parties, dénaturée, mal expliquée dans son ensemble, la disposition nouvelle ne laissera plus entrevoir, dans ses résultats, que difficultés, injustices, désastres.

Vainement l'homme prudent et réfléchi aura combattu l'erreur ou la mauvaise foi et fait briller la lumière de la vérité; vainement une imposante majorité d'hommes , guidés par la raison et animés du désir de bien faire, aura fait justice des sophismes et des séduisantes incartades de l'esprit de système, en décrétant la loi : toujours la mémoire gardera le souvenir des vices qui lui ont été imputés ; toujours ses prétendus défauts seront présens à la pensée; jamais on ne la verra qu'avec ses imperfections supposées.

Et lorsque l'intérêt privé, en opposition avec l'utilité générale, trouvera dans cette loi un obstacle ou une répression, on n'y verra qu'une oppression injuste, qu'un joug odieux et tyrannique, d'autant plus insupportable, par cela même que d'avance on aura combattu, critiqué, blâmé cette loi importune.

Quel bienfait qu'une loi, qui dans toute sa durée sera accompagnée d'une telle défaveur, de ce discrédit prématuré ! Condamnée d'avance par l'amour-propre et un frivole caprice, pourra-t-elle être, non plus, un objet respecté, vénéré; un objet sacré ? Eh non, sans doute; l'erreur qui l'a faite attaquer dans son principe, la fera mépriser pendant sa durée, et fera rechercher l'occasion de l'anéantir.

Ainsi méprisée, elle sera bientôt méconnue et rejetée ; les révolutions continueront, elles recommenceront si elles avaient cessé.

Les jugemens et décisions des tribunaux sont médités et discutés dans le secret et le calme : et cependant quelle différence d'importance et d'intérêt, entre une décision particulière, presque toujours hypothétique, et la loi qui embrasse tout.

Si de la sûreté et de l'intérêt des peuples, il est permis de passer à ce qui concerne personnellement le législateur ; à quoi bon pour lui la publicité de la discussion, si ce n'est à l'entraîner dans de nombreux écueils ?

Il parle, et la présence d'un peuple, qui cherche un spectacle plutôt que de bonnes lois, excite bientôt l'agitation, l'émotion; il se trouble et perd de vue son objet : ou bien son amour-propre s'irrite et s'enflamme; il ne s'agit plus pour lui que de plaire et de briller par les ressources de l'éloquence ; tout autre objet a disparu ; l'orateur l'oublie, ou il en fait le sacrifice à son orgueil.

L'homme simple et modeste n'ose plus, il ne peut plus, après cela, faire entendre une voix timide, qui n'exprimera d'ailleurs que les accens de la raison, devenus trop monotones pour être écoutés et trop simples pour être goûtés.

Le sage lui-même, trompé par sa réserve et par sa modestie, séduit ou subjugué par des écarts brillans d'imagination, presque toujours soutenus d'une audacieuse assurance ; entraîné ou comprimé par une multitude aveugle qui applaudit à des discours qui plaisent à sa frivolité et qui flattent ses passions ou sa licence : le sage cède, l'erreur triomphe, et le vertueux législateur, à qui la réflexion retrace ensuite sa faiblesse et sa faute, regrette ces temps et ces coutumes, où un aréopage illustre ne siégeait que la nuit, pour se prémunir contre le prestige de l'art oratoire.

Au milieu des mouvemens et des fureurs de la discussion publique, plus de calme ni de réflexion ; plus de modération ni d'impartialité ; plus d'indépendance ni même de liberté. La plus solennelle des délibérations n'est plus qu'un grand spectacle où l'agitation, l'illusion et l'entraînement tiennent lieu de sagesse. Une arène bruyante et dangereuse a remplacé l'assemblée auguste, dont la décence et la majesté devaient imposer aux peuples et aux Nations.

Que la loi soit proposée en public, et que sa cause, son objet, soient aussi exposés en public, succinctement, franchement et noblement.

Qu'elle soit discutée en secret, avec calme, liberté et brièveté. Les longues discussions dégénèrent en disputes.

Que la décision soit prononcée publiquement, sans motifs, si elle est affirmative ; avec des motifs délibérés et arrêtés, si elle est pour le rejet.

La loi ne paraîtra que dans toute sa gloire et dans toute sa force ; elle sera alors réellement un bienfait, un objet éternel de reconnaissance et de vénération.

A Montpellier, chez Jean MARTEL aîné, Imprimeur, près la Préfecture, n.° 62.   AN 1815.

# TABLE.